NEUZELLE

Neuzelle

DIE STIFTS- UND WALLFAHRTS- KIRCHE

von

Klaus Weyers

Die Deutsche Bibliothek - CIP-Einheitsaufnahme

Weyers, Klaus:
Neuzelle - die Stifts- und Wallfahrtskirche / von Klaus Weyers.
- 1. Aufl. - Leipzig : Benno-Verl., 1993
ISBN 3-7462-1066-6

© St. Benno Buch- und Zeitschriftenverlags-
gesellschaft mbH Leipzig
1. Auflage 1993
Gestaltung: Jochen Busch, Leipzig
Satz: St.Benno-Verlag
Lithographien: H. Herr, Urspringen
Druck: Messedruck GmbH, Leipzig

In Gebet und Arbeit sollen die
Mönche nicht ihr eigenes Seelenheil fördern,
sondern auch durch ihr Beispiel undWirken
Segen über die Bewohner dieser
Landschaft bringen.

Aus der Stiftungsurkunde
Heinrich des Erlauchten, Markraf von Meißen,
für das Kloster Neuzelle 1268

Wappen des Abtes Martinus Graff
(20.3.1727 – 27.9.1741)

Die Geschichte des Klosters Neuzelle

Am 12. Oktober 1268 unterzeichnete Heinrich der Erlauchte, Markgraf von Meißen und der Ostmark, in Dresden die Gründungsurkunde des Klosters Neuzelle. In der Urkunde heißt es:

„Diesem Kloster haben Wir zum Seelenheil unserer geliebten und unvergessenen Gemahlin Agnes zum Heil unserer Vorfahren alle jene Besitzungen großmütig als Schenkung überlassen, welche innerhalb der Entfernung einer Meile rings um die Siedlung Starcedel gelegen sind. Dieses Kloster soll Neuzelle genannt werden."

Neben dem religiösen Motiv des Gebets für die verstorbene Gattin Agnes gab es noch einen anderen Grund für die Errichtung des Klosters. Der Markgraf wollte in den neuerworbenen Gebieten ein Zentrum schaffen für die ansässige slawische Bevölkerung und die einströmenden deutschen Kolonisten. Im Jahre 1281 beauftragte das Generalkapitel der

Die Stiftskirche, Luftaufnahme

Zisterzienser in Citeaux den Abt von Altzelle, in Neuzelle den Konvent einzuführen und den Abt einzusetzen. Neuzelle ist also ein Tochterkloster von Altzelle. Der erste Konvent ist mit wenigstens 12 Mönchen und dem Abt im Jahre 1282 nach Neuzelle gekommen. Der erste provisorische Standort des Klosters ist unbekannt, dürfte sich aber etwa 2 km südöstlich vom jetzigen Kloster befinden. Der Konvent zog erst 1330 in das neue Talkloster um, obwohl schon für das Jahr 1309 die Weihe der Klosterkirche erwähnt wird. Im Jahre 1354 errichtet Abt Nikolaus I. die kleine Ägidienkirche, die von Abt Martin 1728 zur Kreuzkirche erweitert wird. Sie ist heute evangelische Pfarrkirche.

Um 1410 hören wir von erheblicher finanzieller Not des Klosters. Das Kloster hatte die Stadt Fürstenberg gekauft und sich dabei übernommen. Abt Petrus I. muß dem Kloster Altzelle drei wertvolle Bücher für 130 ungarische Gulden verpfänden. Aber diese Finanzaktion reicht nicht aus. 1411 wird Fürstenberg wieder verkauft. Nun kann etwas gegen „kummir, not unde armut, do das clostir Nuwezelle myt besweritist" getan werden. Dann aber bricht die Katastrophe über Neuzelle herein. Am 6. 7. 1415 wird Jan Hus durch das Konzil von Konstanz als Ketzer verurteilt und durch ein weltliches Gericht verbrannt. Die nun einsetzenden Aktionen der Anhänger von Hus greifen über Böhmen hinaus. Die Hussiten unternehmen den weiten Zug nach Neuzelle. 1429 werden Abt Petrus und fast alle Mönche getötet, das Kloster abgebrannt und die Kirche verwüstet. Ein Laienbruder, der sich auf dem Kirchenboden versteckt hielt, kann wenigstens die Kirche vor den Flammen retten.

150 Jahre nach der Gründung ist das Kloster zerstört, man steht wieder ganz am Anfang.

Von den wenigen Mönchen, die überlebt haben, wird Nikolaus von Bomsdorf als Nikolaus II. Abt des verwüsteten Klosters. Er hat unter den 43 Neuzeller Äbten am längsten regiert, 36, wenn nicht gar 38 Jahre. Mit dem Bruder Baumeister Tylemann und den auf den Vorwerken verschont gebliebenen Laienbrüdern macht er sich an die schwere Arbeit des Wiederaufbaus. Da die Zahl der Mönche zu gering geworden ist, wird wohl das Mutterkloster Altzelle einige seiner Mönche nach Neuzelle geschickt haben. Über dem materiel-

Grundriß von Kirche und Klosterbauten

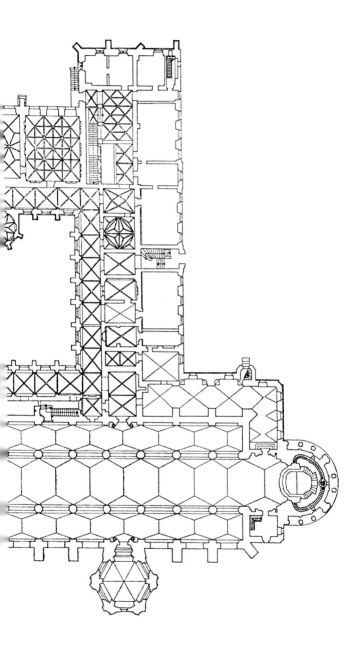

len Neuaufbau des Klosters wird auch der geistige Aufbau nicht vergessen. Abt Nikolaus legt den Grundstein für die berühmte Neuzeller Fronleichnamsprozession, die Jahrhunderte hindurch mit großer Feierlichkeit gehalten wurde und auch heute noch an Fronleichnam um den Klosterteich zieht. Nikolaus II. kümmert sich auch intensiv um die verwüsteten Dörfer im Klosterland.

Schauen wir uns Neuzelle in der Reformationszeit an. Am Vorabend der Reformation ist die innere Situation des Klosters nicht stabil. Es gibt einen Abt und einen Gegenabt. Das Mutterkloster Altzelle muß eingreifen und die Lage durch die Neuwahl eines dritten Abtes klären. In zwölf Jahren regieren fünf Äbte in raschem Wechsel das Kloster. Als Michael I. die Abtswürde auf sich nimmt, beginnen schon die Wogen der Reformation an die Klosterpforten zu schlagen. 1523 rebellieren die Klosterbauern des Frankfurter Kartäuserklosters. In Guben setzt sich die Reformation 1530 endgültig durch. Zu den inneren Sorgen kommen äußere. Das Kloster sieht sich außerordentlichen Geldforderungen des neuen Landesherren der Niederlausitz und Königs von Böhmen, Ferdinand I., gegenübergestellt. Wie das Kloster sich innerlich mit Luther auseinandersetzte, wissen wir nicht. Bekannt ist nur, daß der Konvent in dieser Zeit seinen Chorgesang reformierte und eine neue Orgel bekam.

Der nächste Abt ist Matthias. Auch er hat sich mit den andauernden Geldforderungen Ferdinands I. auseinanderzusetzen, die das Kloster praktisch ruinieren. Die schlimmere Sorge ist aber die beginnende Auflösung der Zisterzienserklöster in der Reformation.

Am schlimmsten trifft die Neuzeller die Aufhebung ihres Mutterklosters Altzelle im Jahre 1545. Da sich die Franziskaner in Cottbus schon 1537 aufgelöst haben, 1542 das Wilhelmiterkloster bei Lübben verschwand und 1552 im Dominikanerkloster Luckau nur zwei einsame alte Mönche lebten, ist der Konvent von Neuzelle einsam und in einer bedrückenden Hoffnungslosigkeit. Das Kloster selbst ist intakt. Es hat 26 Mönche und 9 Konversen, so viel wie in der Blütezeit des 18. Jahrhunderts. Aber im Klosterland gibt es nur noch sechs katholische Familien. 1558 wird in Möbiskruge ein Matthäus als erster evangelischer Pfarrer genannt.

Kanzelfigur Heiliger Lukas

Neuzelle ist ein einsames Kloster ohne katholisches Hinterland geworden.
Als der letzte katholische Bischof von Meißen durch den Kurfürsten August von Sachsen im Jahre 1555 zur Unterschrift unter eine Wahlkapitulation gebracht wird, scheint aber doch der Untergang Neuzelles besiegelt. Denn Bischof Johann von Haugwitz unterschreibt: „den lutherischen Glauben nicht abzuschaffen, sondern nach Kräften einführen zu helfen". So bleibt dieser katholische Bischof ein willfähriges Instrument des Kurfürsten. Aber er rafft sich doch zu einer rettenden Tat auf. Um die Lausitz dem Zugriff des Kurfürsten zu entziehen, ernennt er den Bautzener Dekan Johann Leisentrit zum Generalkommissar für die beiden Lausitzen. So wird dem Kurfürsten die Administratur über die Lausitzen entzogen und geht durch den päpstlichen Nuntius auf den Domdekan über. Entsprechend dem Augsburger Religionsfrieden bleibt so in der Lausitz das Recht der freien Religionsausübung erhalten. Auf diese Weise können die vier Lausitzer Klöster Neuzelle, Marienstern, Marienthal und Lauban sowie das Domstift Bautzen weiterleben.
Nach Jahren des Auf und Ab kommt es im Dreißigjährigen Krieg zur erneuten Verwüstung. Die Schweden benutzen das Kloster als Sammelplatz, brechen die Gräber auf und verwüsten Kloster, Kirche und Dörfer völlig. Der nächste Abt, Bartholomäus, ist ein Abt ohne Kloster und Konvent. Er stirbt 1641 in Kamenz und wird in Marienstern begraben. Der neue Abt muß aus einem fernen Kloster geholt werden, es ist Bernardus von Schrattenbach aus Salmannsweiler in Schwaben. Er übernimmt ein schweres Erbe. Vor dem Krieg gab es im Klosterland 336 Bauern und 515 Gärtner. Bei seiner Amtsübernahme noch 201 Bauern und 224 Gärtner. Die Stadt Fürstenberg hatte von 250 Bürgerhäusern nur noch 30. Der neue Abt leistet Unglaubliches. Die alte, verwüstete Klosterkirche bekommt eine umfassende barocke Neugestaltung. Als Bernardus stirbt, verliert Neuzelle den Abt, der die letzte große Epoche Neuzelles von 1650 bis 1800 einleitet.
Die Jahre 1703 bis 1775 sind gekennzeichnet durch das Drei-

Blick nach Osten

Bischofsthron von 1733

Pieta – Altar

gespann der Äbte Conradus, Martinus und Gabriel. Sie führten das Kloster zur eigentlichen Blütezeit. Ihren Spuren begegnen wir in dem, was in Neuzelle noch an Klösterlichem erhalten ist, auf Schritt und Tritt. Conradus baut Sakristei und neue Mönchszellen. Er errichtet die Kanzlei– und Gastgebäude. Unter seiner Leitung betreuen die Mönche aus Neuzelle die wenigen Katholiken in der Diaspora der Niederlausitz, im Brandenburgischen, in der Neumark und in Pommern.

Der vierzigste Abt von Neuzelle ist der im nahegelegenen Wellmitz geborene Schäfersohn Martinus Graff. Er wird 1727 geweiht und kann die 1728 begonnene Gesamtrenovation der Ägidienkirche, später Kreuzkirche genannt, 1734 abschließen. Dann werden Konventskirche und die gesamte Klosteranlage mit Portal, Abtei, Kastanienallee und vielem anderen in Angriff genommen. Wie Kirche und Klosterportal sich unserem Blick bieten, so entstanden sie aus dem Schaffensgeist des Abtes Martin. Leider ist die eigentliche Klosteranlage durch schwerwiegende Eingriffe in die Bausubstanz heute entstellt. Martin ist aber nicht nur Bauherr. Er hat ein ausgewogenes Urteil in Fragen des Ordenslebens. Er setzt sich dafür ein, daß die Mönche auch außerhalb des Klosterbereiches die Ordenstracht tragen. So reisen die Mönche auch zu weit entfernten Katholiken in ihrer Ordenstracht. Das wird bis zur Aufhebung des Klosters so bleiben. Unter Abt Martin zählt der Konvent im Jahre 1735 die erstaunliche Zahl von 32 Mönchen, 2 Novizen und 4 Konversen. Das Durchschnittsalter beträgt 41 Jahre. Die Zahl der Katholiken steigt, das um das Kloster gelegene Schlaben, das heutige Neuzelle, wird zum großen Teil wieder katholisch. Die Krönung der Abtszeit Martins ist die Weihe der erneuerten Klosterkirche am 24. 9. 1741. Dann ist seine Lebenskraft erschöpft. Er stirbt drei Tage nach der Weihe. Der erste feierliche Gottesdienst in der erneuerten Kirche ist sein Requiem.

Abt Gabriel führt von 1742 – 1775 die Tradition weiter. Unter ihm wird Neuzelle als Musterkloster benannt. Wieder aber gibt es finanzielle Sorgen. Friedrich II. betrachtet das zu Sachsen gehörende Neuzelle als Feindesland. Er will wegen nichterfüllter Geldforderungen das Kloster in Schutt und

Asche schießen lassen, was zum Glück wie durch ein Wunder verhindert wird. Es folgen ein furchtbarer Heuschreckenfraß und eine Hungersnot. Gabriel erläßt den Klosteruntertanen sämtliche Abgaben und öffnet seine Vorräte für die hungernde Bevölkerung. Wieder ist die Diasporaseelsorge ein Hauptanliegen des Abtes. Seine Mönche betreuen Katholiken in Frankfurt, Küstrin, Potsdam, Beeskow, Cottbus, Peitz, Krossen, Sonnewalde, Lübben, Guben, Pförten und anderswo. Nach dreiunddreißigjähriger fruchtbarer Tätigkeit stirbt Gabriel 1775 und läßt ein Kloster zurück, das um seinen Abt trauert: „Wir sind vaterlos geworden und unsere Mutter Neu Zelle ist wie eine Witwe."

Nach der Hochblüte des Klosters kommt das Ende sehr schnell. Das letzte deutsche Zisterzienserkloster fällt einem Rechtsbruch zum Opfer. Im Wiener Frieden von 1815 muß Sachsen die Niederlausitz an Preußen abtreten. Im Artikel 16 des Friedensvertrages garantiert Preußen den Bestand der geistlichen Stiftungen in den neugewonnenen Gebieten. Dann aber wendet der preußische Staat rechtswidrig den Reichsdeputationshauptschluß zur Aufhebung der Klöster in Preußen vom 27.4.1803 auf Neuzelle an. In entwürdigender Weise werden dem Abt Optatus Brustkreuz und Ring von einem preußischen Beamten abverlangt. Am 26. Februar 1817 wird das Kloster aufgehoben. Die Mönche zerstreuen sich in alle Winde. Der letzte von ihnen, Pater Vincentius Augsten, stirbt 1880 in Neuzelle.

Konventsiegel von 1328

DIE KLOSTERKIRCHE VON NEUZELLE

Das Gotteshaus des ehemaligen Zisterzienserklosters von Neuzelle ist der bedeutendste Sakralbau der Niederlausitz. Wir betreten eine helle dreischiffige Halle von sieben Jochen Länge, die nach Osten mit einem einschiffigen, halbrund geschlossenen Chor beendet wird. Die Westseite bildet eine zweigeschossige Vorhalle, aus der der querrechteckige Glockenturm mit einem vorgelagerten Uhrturm emporragt. An der Südseite finden wir die mit einer schönen Kuppel überwölbte Josefskapelle, während die Nordseite fast ganz von den Gebäuden des nach einem Brand zu hoch wieder aufgebauten ehemaligen Klosters verdeckt ist.

Ursprünglich war der um etwa 1280 bis 1290 begonnene Bau eine dreischiffig gewölbte gotische Backstein-Hallenkirche. Aus dieser Zeit finden sich nur wenige erkennbare Gestaltungselemente: ein Portal an der Nordseite um 1300 und ein Portal westlich davon aus der ersten Hälfte des 14. Jahrhunderts. Bei Restaurierungsarbeiten fanden sich Reste spätgotischer Wandmalereien hinter den Altären an der Ostseite der Seitenschiffe und an einigen Pfeilern. Diese gotischen Reste sind aber nicht zugänglich.

Heute bietet sich dem Auge ein reich ausgestatteter Kirchenraum in spätmanieristischer und barocker Prägung. Dieser Raum ist kein Museum, sondern das Gotteshaus für die Neuzeller Pfarrgemeinde und die Wallfahrtskirche für die Katholiken der Apostolischen Administratur Görlitz. Das beherrschende Thema des Kirchenraumes wird von dem 1740/41 durch Johann Wilhelm Hennevogel aus Stuckmarmor gestalteten Hochaltar angegeben: Eine Dreiergruppe um den Tabernakel gruppiert stellt die Emmausjünger mit Jesus dar (vgl. Lk 24,13 – 35). Die hier versinnbildlichte Schriftstelle lautet: „Da erzählten auch sie, was sie unterwegs erlebt und wie sie ihn erkannt hatten, als er das Brot brach." Zu dieser Hochaltargruppe führt der Weg zielgerichtet von der Schiefen Kapelle am Klosterteich durch die Klosterpforte. Im Giebel des äußeren Klostertors findet sich nämlich die

Klosterkirche von Südwest

Szene, die den am Hochaltar dargestellten Ereignissen vorausgegangen war.

Christus ist am Abend auf dem Weg nach Emmaus im Gespräch mit den Jüngern. Sie erkennen ihn nicht, aber sie fordern ihn auf zu bleiben. So erweist sich der Gedanke an die Eucharistie, das Mahl des Herrn mit seinen Jüngern und mit uns, als das ikonographische Programm, das wohl von Abt

Martin (1727–1741) der Neugestaltung der Kirche und des Klosters zugrundegelegt worden ist. Wer durch die Vorhalle vom Westen her die Kirche betritt, wird gefangengenommen durch die Fülle an Formen, Farbe und Licht. Sein Blick wird durch die von den oberen Bekränzungen der Nebenaltäre gebildeten steigenden und fallenden Fluchtlinien genau auf die Emmausgruppe des Hochaltars gelenkt. Dort erlebt der gläubige Betrachter den Augenblick mit, in dem die beiden Jünger den Herrn an der Geste des Brotbrechens erkennen.

Stift und Kloster von Süden, ca. 1750

Die Vollendung des Kirchenraumes mit seiner Gesamtausstattung wurde erst in der Mitte des achtzehnten Jahrhunderts erreicht. Mehrere Generationen von Künstlern, Handwerkern und Auftraggebern mit ihren Ideen und Anregungen hatten daran gearbeitet, diesen Einklang von Architektur, Plastik und Malerei zu erreichen. Ihnen ist es zu verdanken, daß wir heute diesen für unseren Landschaftsbereich einmaligen barocken Kirchenraum in seiner Vollständigkeit und Schönheit bewundern können und in ihm unsere Gottesdienste feiern dürfen.

St. Martin
vom Benediktusaltar
St. Augustinus
vom Taufaltar

Orgelprospekt von 1809

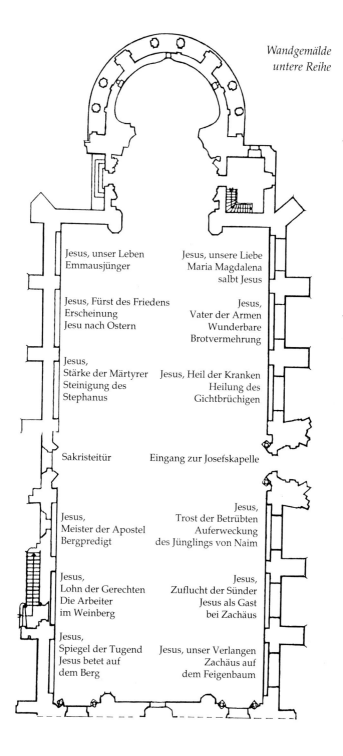

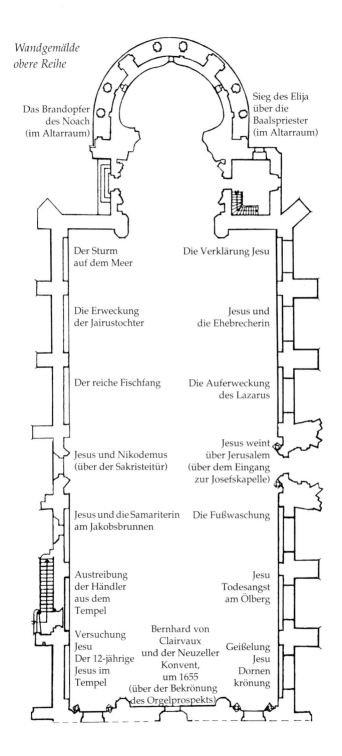

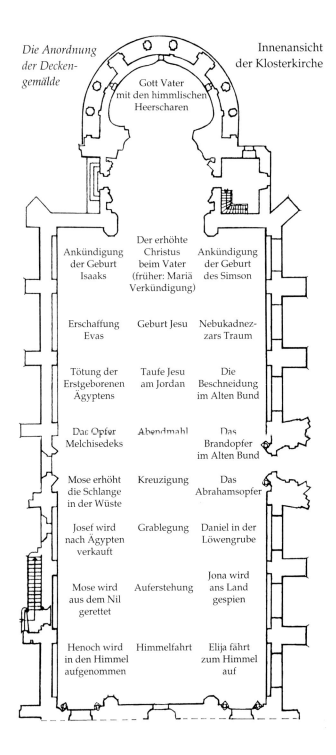

Die Altäre der Stifts- und Wallfahrtskirche

In der Stifts - und Wallfahrtskirche von Neuzelle finden wir dreizehn Altäre, zu denen noch zwei Sakristeialtäre kommen. Wir stellen die Altäre vom Eingang zum Hochaltar hin vor.

Annenaltar (Mütteraltar)

Das Altarbild zeigt die Unterweisung Mariens im Psalmgebet durch Mutter Anna. Assistenzfiguren: rechts die hl. Hedwig († 1243), links die hl. Elisabeth († 1231). Über dem Altarbild der Stammbaum Christi mit David.

Antoniusaltar (Mönchsaltar)

Das Altarbild zeigt Antonius († 1231) mit dem Jesuskind. Assistenzfiguren: rechts der hl. Bruno von Köln, Stifter der Kartäuser, links der hl. Papst Cölestin. Er ist Stifter der Cölestiner-Eremiten, die am Oybin ein Kloster hatten. Über dem Altarbild: der hl. Franziskus erhält die Wundmale Christi.

Mariä–Verkündigungs–Altar

Das Altarbild stellt die Verkündigungsszene von Nazaret dar. Assistenzfiguren: rechts die hl. Agnes, links die hl. Cäcilia. Ergänzende Bilder: der Besuch Mariens bei Elisabeth und die Aufnahme Mariens in den Himmel.

Johannes–von–Nepomuk–Altar

Altarbild: Johannes von Nepomuk kniend vor dem Kreuz
Assistenzfiguren: rechts der hl. Thomas Becket, Erzbischof von Canterbury, Märtyrer; links der hl. Anselm von Canterbury, Kirchenlehrer.
Ergänzende Bilder: Johannes von Nepomuk ist Märtyrer des Beichtgeheimnisses und wurde 1383 in die Moldau gestürzt. Die Bilder befassen sich mit der Schilderung des Martyriums.

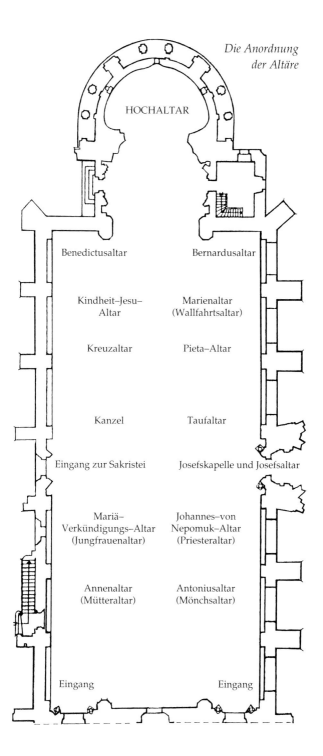

Josefskapelle

An der Südwand des Kirchenschiffes öffnet sich der Raum zur Josefskapelle. Sie wurde unter Abt Martin (1727–1741) für die Josefsbruderschaft errichtet. Barocker Zentralraum mit gut ausgeführter malerischer Scheinarchitektur. Bedeutende Kuppelausmalung mit Szenen aus dem Leben des hl. Josef und des alttestamentlichen ägyptischen Josef.

Kanzel und Kreuzaltar

Altarbild: die Heilige Familie. Assistenzfiguren: Joachim und Anna, die Eltern Mariens.

An den Säulen unterhalb der Fenster Zacharias und Elisabeth mit dem kleinen Johannesknaben.

Altarbekrönung: Gott Vater im Strahlenkranz, umgeben von Putten. Unter ihm der Heilige Geist. Vier Statuen als Bekrönung der Pfeiler: Abraham, Mose, Jesaja, David. Die beiden restlichen Pfeiler sind mit anbetenden Engeln geschmückt. Die nicht zugängliche Gruft der Josefkapelle birgt die Gebeine der vier letzten Äbte.

Kanzel und Taufaltar

Den glanzvollen ausstrahlenden Mittelpunkt des Kirchenschiffes bilden die vollständig mit geschnitztem Schmuck ausgestatteten Ensembles von Kanzel und Taufaltar.

Kanzel 1728 vom Meister des Taufaltars. Der Kanzelkorb wird von einem Engel und zwei Putten getragen. Hervorragender Schmuck des Kanzelkorbes sind die vier lebensgroßen vollplastischen Evangelisten. Der Kanzeldeckel ist gekrönt mit dem Guten Hirten.

Begleitfiguren sind drei Frauen als die drei göttlichen Tugenden Glaube, Hoffnung, Liebe, umringt von Engeln und Putten. Die Kanzeltür trägt ein Relief: Jakobs Traum von der Himmelsleiter. Reliefs an der Treppenwange: Austreibung der Wechsler und Händler aus dem Tempel und Bergpredigt Christi.

Taufaltar 1730 vom Meister des Taufaltars. Farbliche Fassung und Vergoldung laut Signatur auf dem Schwanz des Löwen beim hl. Hieronymus: „J. Wentzel Löw, Maler in Töplitz, den 13. September 1730". Mittelplastik des Altars: Johannes der Täufer und Christus am Jordan. An den abgeschrägten Seitenwänden des Taufaltars die Lebensgeschichte Johannes des Täufers in Reliefs. Die vier Hauptplastiken des Altars sind Papst Gregor der Große, die hll. Ambrosius., Augustinus und Hieronymus. Originellerweise sind sowohl der Hut des hl. Hieronymus als auch die Hinterpfote seines Löwen mit einer großen Blume geschmückt.

Taufaltarbekrönung: Der Heilige Geist im Strahlenkranz. Unter ihm sitzend und stehend die drei göttlichen Tugenden Glaube, Hoffnung und Liebe sowie die vier Kardinaltugenden Klugheit, Gerechtigkeit, Tapferkeit und Zucht und Maß. Darüber in den Wolken thronend Gott Vater mit Szepter und Weltkugel. Ihm zu Füßen die vier Erzengel Michael, Gabriel, Rafael und Uriel. Der Taufstein am Taufaltar stammt aus der Kreuzkirche, der jetzigen evangelischen Pfarrkirche von Neuzelle.

Kreuzaltar

Vollplastische Darstellung des gekreuzigten Herrn. Neben dem Kreuz stehen Maria und der Lieblingsjünger Johannes. Engel mit den Leidenswerkzeugen umgeben das Kreuz. Seitenreliefs zeigen Leidensszenen: den Ölberg, die Geißelung, die Dornenkrönung und die Begegnung mit den weinenden Frauen auf dem Kreuzweg. In der Altarbekrönung eine Darstellung des Pelikans, der seine Jungen mit seinem eigenen Blut nährt: Sinnbild der Erlöserliebe Christi.

Pieta–Altar

Die Gruppe der Gottesmutter mit dem toten Sohn ist von besonderer Schönheit. Assistenzfiguren sind die trauernde Maria Magdalena und die Märtyrerin Apollonia. Die Seitenreliefs zeigen wie beim Kreuzaltar Szenen aus dem Leiden Christi: Christus vor Pilatus, die Aufrichtung des Kreuzes, die Abnahme des Leichnams vom Kreuz, die Grablegung. Altarbekrönung: der aus den Flammen sich erneuernde Vogel Phönix als Symbol der Auferstehung.

Kindheit–Jesu–Altar

In einer Rundbogennische steht die frühbarocke Figur des gekrönten göttlichen Kindes. Sie ist mit Brokatgewändern gekleidet, die je nach den Festkreisen des Kirchenjahres gewechselt werden können. Das Christkind trägt das Szepter als Zeichen der Königswürde und das Kreuz als Zeichen seines Erlösungsauftrages. Es steht auf der Erdkugel und zertritt die Schlange, die als Symbol des Bösen die Erdkugel umschlingt. Assistenzfiguren sind die Erzengel Rafael und Uriel. Die königliche Macht und Stärke des Kindes wird durch die Darstellung eines Löwen und eines Adlers in zwei Bildern hervorgehoben.

Marienaltar

Marienaltar (Wallfahrtsaltar)
In der Nische des Marienaltars steht das Neuzeller Wallfahrts- und Gnadenbild, eine spätgotische Muttergottesfigur in der Art der mittelalterlichen „schönen Madonnen". Ursprünglich ist sie eine farbig gefaßte Holzskulptur.
Im Barock wurde sie als Himmelskönigin mit Mantel und Krone bekleidet. Zu diesem Altar gehört eine reiche Ausstattung an Barockgewändern. Heute trägt die Muttergottes barock nachempfundene Gewänder. Der Muttergottes zur Seite stehen zwei Erzengel: Gabriel als Überbringer der göttlichen Botschaft und Michael in antikem Kriegsgewand. Das zu Füßen der Mutter Gottes stehende Bild von der Immerwährenden Hilfe ist eine Votivgabe der Gemeinde als Dank für die Rettung der Kirche beim Brand des Klosters 1892. Ergänzende Bilder: eine Henne, die ihre Küken sammelt, deutet auf die Schutzmantelmadonna. Darstellung Mariens als gute Hirtin in der Altarbekrönung.

Benedictusaltar
An der Stirnwand des linken Seitenschiffes Benedictusaltar, 1735. Gemälde aus der Willmann-Schule: der hl. Benedikt. Altarbekrönung: das Strahlenauge Gottes, umgeben von einer Fülle von Putten und zwei anbetenden Engeln. Unter der Bekrönung die Statuen des hl. Benedikt und der Ordensreformatoren Odilo von Cluny sowie Robert von Molesme. Die Assistenzfiguren zum Altargemälde sind die Schüler des hl. Benedictus und Gründer von Benediktinerklöstern in Sizilien und Frankreich, die hll. Maurus und Plazidus. Die Seitenfiguren sind der hl. Martin und der hl. Benno von Meißen. Neuzelle unterstand bis zur Reformation dem Bischof von Meißen.

Bernardusaltar
An der Stirnwand des rechten Seitenschiffes Bernardusaltar, 1735. Gemälde aus der Willmann-Schule: die mystische Vereinigung des hl. Bernhard mit Christus. Altarbekrönung wie beim Bendictusaltar. Darunter eine legendäre Darstellung: Bernhard empfängt die Zeichen der Abtwürde in Gegenwart der Gottesmutter. Assistenzfiguren: Äbtissin Juliana von Lüttich und Luitgart von Tongern.

Bernardusaltar

Seitenfiguren: die Äbte Alberich und Stephan Harding sowie die Bischöfe Augustinus und Dionysius.
Attribute der Leidensgeschichte sind beigegeben als Zeichen der Liebe des hl. Bernhard zum gekreuzigten Heiland.

Hochaltar

Hochaltar 1740/41 von Johann Wilhelm Hennevogel, Stuckmarmor. Figurenreicher Altaraufbau mit Emmausgruppe am Tabernakel. Altarbild mit Darstellung der Himmelfahrt Mariens aus der Schule des Michael Willmann um 1740.

Assistenzfiguren des Hochaltars: rechts und links neben dem Altargemälde Paulus und Petrus, daneben Papst Clemens I. (92–101) und Gregor der Große (540–604). An den äußersten Pfeilern des Altars stehen rechts der hl. Georg und links ein nicht zu identifizierender Heiliger (Konstantin oder Florian oder Floridus). Über dem Altargemälde reiche Darstellung der himmlischen Herrlichkeit mit dem Heiligen Geist in einem Lichtfenster, mit Gott Vater und Gott Sohn, die die Weltkugel zwischen sich halten, und mit einem Putto, der die Krone der Gottesmutter über seinen eigenen Kopf

Emmausgruppe des Hochaltars

Hochaltar

hebt. Die beiden obersten Seitenbegrenzungen des Hochaltars sind geschmückt mit den Märtyrern Laurentius und Ignatius. Rechts und links vom Hochaltar finden wir je ein Portal mit vier großen Engelsfiguren aus Stuckmarmor.

Putten vom Hochaltar   Kreuz am Südeingang

Die Malerei von Neuzelle

Der Chronist Samuel Grosser berichtet im frühen 18. Jahrhundert über Neuzelle: „Das Closter ist durch sorgfältige Bau–Anstalten in einen weit ansehnlicheren Stand gebracht, als es vor diesem war. Die Kirche mit vortrefflichen Gemählden und schöner Stuccatur–Arbeit gezieret." Wer vom Westen her die Kirche betritt, kann dieses von Grosser in seinen „Lausitzische(n) Merkwürdigkeiten" gefällte Urteil nur bestätigen.

Aufgabe und Sinn der Vorhalle als Raum der Besinnung und der Umstellung vom lauten Draußen zum stillen Drinnen werden in großen Fresken gezeigt. Das Hauptfresko stellt uns Christus als Erlöser der ganzen Welt vor Augen. Alle Erdteile kommen und beten ihn an. Da Australien als fünfter Kontinent erst im Ausklang des 18. Jahrhunderts in das Bewußtsein der Menschen tritt, fehlt es auf dieser Darstellung noch. Die Südseite der Eingangshalle zeigt den zwölfjährigen Jesus im Tempel und die Austreibung der Wechsler aus dem Tempel. Die Nordseite weist auf die großen Büßer des Alten und Neuen Testaments und die Heimkehr des Verlorenen Sohnes. Buße, Umkehr, Hören auf das Wort und Anbetung sind also die Themen der Eingangshalle.

Der Kirchenraum ist malerisch bestimmt von den Deckengemälden und von einer doppelten Reihe von Wandgemälden. Die in Freskotechnik ausgeführten Gemälde wirken auch heute noch in unverminderter Farbpracht auf die Besucher. Abt Bernardus von Schrattenbach (1641–1660) holte den Italiener Johannes Vanet nach Neuzelle, der hier der führende Maler wurde. Sein Bild ist im Gewölbemittelfeld bei der Auferstehungsdarstellung zu erkennen, ein noch jugendliches, von langem Haar gerahmtes Künstlergesicht. Er schuf die obere Reihe der Wandgemälde in ihren kühlen metallischen Farben, ebenso die Deckengemälde. Die Wandgemälde der unteren Reihe stammen von Georg Wilhelm Neunhertz aus der Prager Schule. Während Vanets Bilder sehr flächig

Wandgemälde „Jesu, Heil der Kranken"

Deckengemälde im Neuzeller Kloster

sind, versucht Neunhertz, mit weiten Perspektiven den Raum nach außen aufzureißen. Seine Formen und Farben sind weicher als die des Italieners. Das dominierende Weiß von den Wänden und Stuckdekor entlang des Gotteshauses gibt der Vielfalt von Farbe und Form in Gemälde und Stuck ein einheitliches Gehäuse und schafft so den hellen, frohen Kirchenraum von Neuzelle. Hier kann man schauen und beten.

„Neuzelle, von dessen Kunst die Bilder dieses Buches berichten, gehört nicht zu den Orten, die in erster Hinsicht wegen ihrer Kunstschätze aufgesucht werden. Dennoch sind diese für die Bedeutung der Stätte von ganz besonderem Wert. Ohne sie wäre Neuzelle zwar ein Ort von historischem Interesse, aber erst mit ihnen erhält es sein Gesicht als Wallfahrtsort. Ihrem Inhalt nach ist die Kunst in Neuzelle eine sakrale Kunst. Der Gläubige wird sie daher zuallererst als religiöses Zeugnis in Anspruch nehmen dürfen. Für ihn hat sie Bekenntnischarakter."

(Joachim Fait, Die Kunst in Neuzelle. Aus: Neuzelle, Festschrift zum Jubiläum der Klostergründung vor 700 Jahren 1268–1968).

Chorgestühl an der Orgel

Blick auf die Beichtstühle

Neuzelle in Zahlen

1268 Stiftung des Klosters durch Heinrich den Erlauchten
1281 oder 1282 Hermanus, erster Abt
zwischen 1280 und 1290 Baubeginn der jetzigen Kirche
nach 1330 Umsiedlung der Mönche aus provisorischen Unterkünften in das neue Kloster
1354 Errichtung der Ägidienkirche, heute evangelische Pfarrkirche
1429 Zerstörung des Klosters durch die Hussiten. Abt Petrus und fast alle Mönche werden getötet, das Kloster in Brand gesetzt, die Kirche verwüstet. Ein Laienbruder, der sich auf dem Kirchenboden versteckt hatte, kann die Flammen im Kirchendach löschen und die Kirche retten. Zur Erinnerung an die Neuzeller Märtyrer wurde unter Abt Martin (1727 – 1741) die Christussäule am Klosterteich aufgestellt.
1547 Das Kloster mit 26 Mönchen und 9 Konversen bleibt in der Reformationszeit katholisch, aber im Klosterland gibt es nur noch sechs katholische Familien.
1538 bis 1552 Untergang aller anderen Zisterzienserklöster zwischen Elbe und Oder (außer den schlesischen Klöstern)
1631 Verwüstung des Klosters durch die Schweden. Von 1631 bis 1632 dient das Kloster den Schweden als Sammelplatz. Kloster und Kirche sind völlig geplündert. Die Mönche sind geflüchtet.
um 1650 Beginn der barocken Umgestaltung der Kirche
1741 Weihe der völlig erneuerten Klosterkirche
1817 Aufhebung des Klosters durch den preußischen Staat. Die Kirche bleibt katholische Pfarrkirche

Blick vom Nordwesten

evangelische Kreuzkirche

Neuzeller Wallfahrtslied

T: Georg Schröter 1948
M: Adolf Lohmann 1948

1. Ma - ri - a, Mut - ter, Frie - dens - hort, wir kom - men in be - dräng - ten Ta - gen und bit - ten dich, ein Mut - ter - wort für uns bei dei - nem Sohn zu sa - gen.

2. Sei du um uns wie ein Gebet, / vor dem die Stürme knien müssen. / Wenn deine Bitte mit uns fleht, / kann sich dein Sohn uns nicht verschließen.

3. Du weißt, was uns im Herzen bebt / an gläubigem und kühnem Wagen. / Wenn deine Hand die Schatten hebt, / wird uns ein Fest der Gnaden tagen.

4. Dein Haus ist wie ein Lobgesang, / in dem die stummen Steine beten. / All unser Bitten wird zum Dank / und schweigt von seinen dunklen Nöten.

5. Dein Mantel ist ein goldnes Zelt, / gewebt von mütterlicher Liebe. / Breit ihn als Heimat um die Welt, / daß keiner ohne Mutter bliebe.

6. Dein Kind ist unser Himmelreich, / das Licht von tausend klaren Sonnen / kommt doch nicht seinem Glanze gleich, / sein Herz verschenkt uns alle Wonnen.

7. Gib, daß wir unser Pilgersein / in deines Kindes Licht vollenden. / Hüll uns in deinen Mantel ein / und führe uns an deinen Händen.

8. Maria, Mutter, Königin, / im Jubel der erlösten Chöre / gibt unser Herz als Lied sich hin: / dir, Mutter, und dem Sohn zur Ehre.

Tür vom Südeingang in den Chor

BENUTZTE LITERATUR

Institut für Denkmalspflege (Hrsg.)
Die Bau– und Kunstdenkmale in der DDR,
Bezirk Frankfurt/Oder
Henschelverlag Berlin 1980

Joachim Fait, Joachim Fritz (Hrsg.)
Neuzelle, Festschrift zum Jubiläum der Klostergründung vor 700 Jahren
St. Benno–Verlag Leipzig 1968

Peter Priemer
Die Stiftskirche von Neuzelle
St. Benno–Verlag Leipzig 1964 (2. Auflage)

Fotonachweis
Rainer Behnke, Straelen: Einband, S. 11, 15, 27, 30, 33, 35, 37
Fotoatelier Goethe, Cottbus: S. 13, 14, 19, 22, 23, 36, 38, 39, 41, 42, 43, 45, 47
Foto-Peukert, Eisenhüttenstadt: S. 6